NOTES

SUR

LE SCEAU DE THOMAS JAMES,

ÉVÊQUE DE LÉON ET DE DOL,

SUR L'ORIGINE DE MICHEL COLUMBE

ET

SUR LE TOMBEAU DE GUILLAUME GUEGUEN,

ÉVÊQUE DE NANTES,

PAR M. ALFRED RAMÉ,

MEMBRE DU COMITÉ.

Extrait du *Bulletin des Travaux historiques*.

PARIS.

IMPRIMERIE NATIONALE.

M DCCC LXXXIII.

NOTE SUR LE SCEAU DE THOMAS JAMES,

ÉVÊQUE DE LÉON ET DE DOL.

Le sceau, provenant des archives de la Loire-Inférieure, communiqué au Comité par M. L. Delisle, est une pièce intéressante pour l'histoire de l'art.

Il a été exécuté pour Thomas James, évêque de Léon, ainsi que l'annonce la légende en capitales romaines :

·S·THOME·EPISCOPI·LEONENSIS·

Thomas James a été nommé évêque de Saint-Pol-de-Léon en 1478, à une époque où le style gothique de la décadence était exclusivement employé en France pour la décoration des sceaux. Celui-ci cependant appartient au plus pur style de la Renaissance, sans la moindre réminiscence gothique.

Le sujet principal est une Annonciation, représentée avec une extrême délicatesse, à l'intérieur d'un édifice d'architecture classique, que surmonte une petite coupole décorée d'imbrications. Dans le fronton triangulaire de l'édifice apparaît le Père éternel bénissant. L'extrémité inférieure du sceau, qui est oblong comme il convient pour un homme d'église, est occupée par les armes du prélat, surmontées de la mitre, entourées d'une couronne de laurier et supportées par deux petits anges. L'ensemble forme un type d'une rare élégance et d'une exécution parfaite, mais absolument nouveau en France, en 1478.

Comment ce type a-t-il pu faire son apparition sous les auspices d'un prélat, né à Saint-Aubin-du-Cormier, successivement évêque à Saint-Pol-de-Léon et à Dol, et qui, aussi bien par son origine que par la situation des sièges qu'il a occupés, paraît avoir eu toutes ses attaches dans une province rebelle aux innovations?

La biographie de Thomas James explique cette anomalie. D'après le *Gallia christiana*, son père Pierre était devenu, sans qu'on sache comment, gouverneur du château Saint-Ange. M. L. Delisle, dans la notice qu'il a consacrée au missel de Dol (Bibl. Ec. des Ch., t. XLIII, p. 311), nous a appris que Thomas lui-même avait été investi de ce titre, sans doute par une sorte de droit successoral. Il est certain qu'au moment de sa nomination à l'évêché de Léon, il se trouvait à Rome, car c'est dans cette ville, le 30 septembre, qu'il donna procuration à certains mandataires de prêter en son nom serment de fidélité au duc de Bretagne, à l'occasion de sa promotion. Il n'avait pas encore de sceau à ce moment, et pour y suppléer apposa à côté de son signet personnel le sceau ovale «sigillo oblongo» du cardinal d'Estouteville, archevêque de Rouen. La formule du serment à prêter au duc François II se termine aussi par cette clause :

«En tesmoin des choses et chacune dessusd. nous avons signé ces présentes de nostre seing manuel, et en deffault de nostre grand scel, y avons mis nostre propre signet, duquel nous avons coustume de uzer, et d'abondant y avons, à nostre requeste fait apposer le scel de très reverend père en Dieu, Monseigneur le cardinal d'Estouteville archevêque de Rouen et chambellan de nostre saint Père le pape, pour la plus grande fermeté des choses dessusd. Donné à Rome le premier jour d'octobre l'an mil quatre cent septante huict. » (Bibl. nat., mss. franç., 2707, fol. 271 v°.)

Quand Thomas James fut transféré à l'évêché de Dol, le 28 mars 1482, il résidait également à Rome, et c'est du château Saint-Ange qu'est datée la procuration qu'il délivra pour sa nouvelle prestation de serment au duc François II.

C'est encore de Rome qu'il rendit aveu au duc suivant l'acte des archives de la Loire-Inférieure qui nous a conservé le sceau ici figuré, et qui se termine par cette clause :

« Et en tesmoing de ce baille à mon dit souverain seigneur le duc ces presentes signées de ma main, scellées de mon seel avec les seaulx de très reverend et reverend pères en Dieu les arcevesque d'Arle et evesque de Castres, à ma priere et requeste. Ce fut fait à Romme le xvi° jour d'octobre l'an mil quatre cens quatre vings et deux. »

Au-dessous se trouve la souscription autographe du prélat libellée en ces termes :

« Ainsi jure et prometz au duc mon souverain s^r. Thomas, evesque de Dol. Escript de ma main propre. »

Ce Breton était donc devenu un prélat romain, qui avait fait de Rome sa patrie d'adoption et qui avait été fasciné par l'incomparable mouvement artistique qui s'effectuait autour de la cour pontificale.

Ainsi s'explique le caractère purement italien du sceau dont il se servit quand il eut pris possession de son siège de Léon.

Ainsi encore s'explique le choix qu'il a fait du Florentin Attavante, quand, devenu évêque de Dol, il a commandé le superbe missel dont M. L. Delisle nous a récemment révélé l'histoire et qui a quitté la cathédrale de Dol pour prendre place dans le trésor de la métropole de Lyon.

Non seulement il avait été séduit par les charmes de la Renaissance italienne, mais il en avait développé le goût autour de lui : c'est dans le plus pur style de la Renaissance que ses deux neveux, Jean et François James, lui ont élevé en 1507, par la main du Florentin Jean Juste, le splendide mausolée, dont les débris, si mutilés qu'ils soient, sont le plus bel ornement de la cathédrale de Dol.

Pour ces causes diverses, Thomas James doit être considéré comme l'initiateur de la Renaissance en Bretagne.

La première apparition de l'art italien dans l'Ouest de la France paraît avoir eu lieu au Mans, avec le beau tombeau de Charles d'Anjou, comte du Maine, mort le 10 avril 1472, que M. de Montaiglon attribue à François Laurana, sculpteur en titre du roi René.

En Bretagne, le duc François II, très ami des arts, avait conservé un incurable attachement aux formes tourmentées de la décadence gothique; tout ce qu'il a fait bâtir est d'un style flamboyant très provincial. Il avait cependant des relations avec l'Italie, car il avait attiré de Florence en 1475-1476 des ouvriers en draps d'or et de soie qu'il établit à Vitré (Arch. Nant., Reg. chanc. 1195). Son tombeau, qui devait porter si haut le renom de Michel Columbe, n'a été exécuté que longtemps après sa mort, par les soins de la reine Anne sa fille, en 1504 et 1505, et solennellement inauguré en 1506. L'année suivante Jean Juste élevait dans la cathédrale de Dol le tombeau de Thomas James, mort en avril 1504. Mais depuis un quart de siècle, le prélat breton avait manifesté son admiration pour l'art italien, comme en témoigne le sceau conservé aux archives de Nantes.

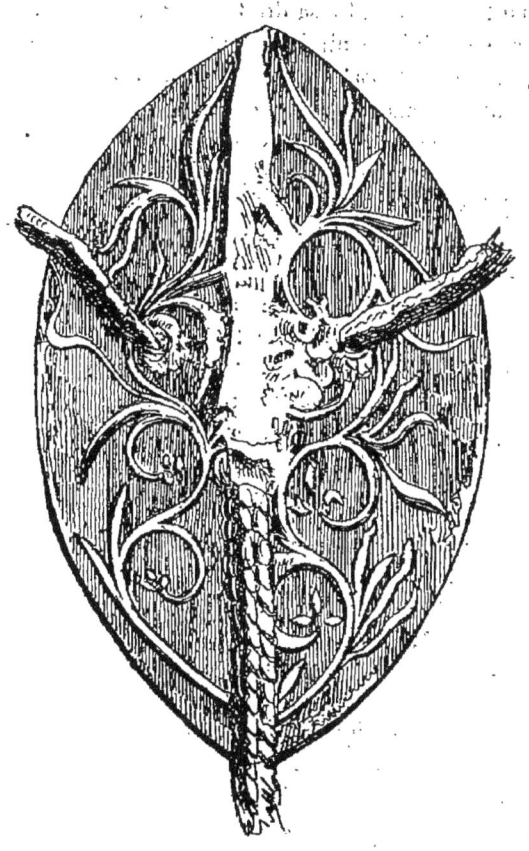

Le sceau de l'archevêque d'Arles apposé au bas de l'aveu de 1482 à côté de celui de l'évêque de Dol[1] est, comme ce dernier, de forme ovale et de travail italien. Il en est contemporain, puisqu'il a été exécuté pour Eustache de Levis nommé à l'archevêché

---

[1] Le sceau de l'évêque de Castres, qui était le troisième de la pièce, est détruit. Il était de forme ronde.

d'Arles en 1476. Il était déjà connu par une empreinte conservée aux Archives nationales (J 347, n° 130) décrite en ces termes par M. Douët d'Arcq dans sa collection de sceaux (t. II, p. 456, n° 6289) :

« Sous un portail du style de la Renaissance la Vierge debout avec l'enfant Jésus, ayant à sa droite un saint tenant une église, et à sa gauche un évêque nimbé tenant une croix. Sous le portail, dans un encadrement carré, un évêque debout, vu de face, à mi-jambes, ayant les mains jointes. De chaque côté un écu d'un chevronné brisé d'un lambel de trois pendants.

+ S. EVSTACII ARCHIEPISCOPI ET PRINCIPIS ARELATENSIS.

Appendu à un acte daté de Rome 22 mai 1479. — *Nota*. Par un cas très rare on a gravé au dos de ce sceau des arabesques. Ce détail intéressant a été moulé et fait partie de la collection. »

Il serait intéressant de rapprocher de ces sceaux de prélats français les pièces analogues conservées en Italie. Mais les Italiens, si empressés à publier leurs belles médailles du xve et du xvie siècle, n'ont guère encore porté leur curiosité sur les œuvres de sphragistique, exécutées cependant par les mêmes artistes. La *Revue de numismatique et de sphragistique italiennes* n'a rien donné de la fin du xve siècle. Deux sceaux de 1503 (Francesco Soderini, t. VI, p. 298 et pl. XII) et de 1517 (Andrea dalle Valle, t. V, p. 25 et pl. X) sont d'un art plus avancé que celui de Thomas James. Toutefois Litta, dans son grand ouvrage sur les familles italiennes, a publié parmi les monuments de la famille Barbo de Venise, le sceau de Pierre Barbo, devenu plus tard le pape Paul II, quand il n'était encore qu'évêque de Vicence, en 1451. La disposition générale du sceau de Thomas James, un édifice classique à fronton triangulaire encadrant un sujet de piété, s'y trouve déjà, et les insignes héraldiques sont pareillement disposés, comme une sorte de soubassement, à la partie inférieure. Ce type, nouveau pour la France en 1478, était donc déjà bien connu en Italie.

L'attachement de l'évêque de Léon à l'Italie étant aujourd'hui un fait acquis, on peut se demander si Michel Columbe, originaire de Saint-Pol-de-Léon, n'aurait pas effectué sa conversion à l'art italien sous son influence. L'exécution en 1505, en Bretagne, d'une œuvre aussi novatrice que le tombeau du duc François II par un sculpteur d'origine aussi gothique que le « bonhomme Coulombe » est dans l'histoire de l'art un fait extraordinaire qui attend encore une explication.

NOTE SUR L'ORIGINE DE MICHEL COLUMBE
ET SUR LE TOMBEAU DE GUILLAUME GUEGUEN,
ÉVÊQUE DE NANTES.

La note relative au sceau de Thomas James, évêque de Léon en 1478, présentée à la séance du 11 décembre dernier, a soulevé une objection à l'occasion d'une mention incidente concernant Michel Columbe. On m'a demandé de justifier que le grand sculpteur fût « originaire du pays de Léon ».

Cette question d'origine est depuis longtemps l'objet d'un débat entre la Touraine et la Bretagne. Le Comité, placé en dehors et au-dessus de toutes les rivalités de province, est la meilleure autorité devant laquelle elle puisse être abordée. D'ailleurs ici la passion n'a que faire. Il est constant, quel que soit son lieu de naissance, que c'est à Tours que Columbe a vécu, a travaillé et a fait école. Certes s'il fût demeuré dans sa basse Bretagne et si, par des circonstances encore inconnues, il ne s'était pas trouvé en contact avec les merveilles de la Renaissance italienne, il n'eût pas exécuté au début même du XVIe siècle le tombeau du duc François II, qui devait porter si haut son renom.

On sait encore qu'en 1511 « le bonhomme Coulombe » était presque octogénaire; il serait donc né vers 1431; mais où est-il né?

Jusqu'ici, pour le rattacher à la Bretagne, on n'a fait usage que de travaux de seconde main, et en particulier du manuscrit de Fournier, auteur d'une histoire lapidaire de Nantes.

C'est une source de nulle valeur. Fournier, ingénieur de la ville à la fin du XVIIIe siècle, avait mis l'histoire de Nantes en inscriptions. Il avait été induit à cette fantaisie par une importante découverte d'inscriptions romaines qui s'était faite sous ses yeux lors de la démolition de l'enceinte antique; possédant ainsi une tête de collection, dont il ne faut pas trop sourire, car elle a conservé le texte de quelques monuments authentiques aujourd'hui disparus, il s'est ingénié à la pousser jusqu'au xviii° siècle.

Arrivé à l'année 1505, Fournier a donc imaginé cette inscription :

L'AN MIL CINQ CENTS CINQ, MICHEL COLUMBE, NATIF DE L'ÉVESCHÉ DE SAINT-PAUL DE LÉON, DE L'EXPRÈS COMMANDEMENT D'ANNE, REINE DE FRANCE ET DUCHESSE DE BRETAGNE, A COMMENCÉ DANS CETTE MAISON LE TOMBEAU DE FRANÇOIS II, DUC DE BRETAGNE, SON PÈRE.

Mais Fournier n'avait pas inventé le fond s'il avait imaginé la forme. Il avait détaché pour son recueil un fragment d'une inscription plus ancienne, qui a existé jusqu'à la Révolution dans l'église des Carmes de Nantes, et dont Gaignières nous a heureusement conservé le texte dans le tome I, fol. 108, des manuscrits d'Oxford.

Le tombeau du duc François II n'est placé à la cathédrale de Nantes que depuis le commencement du siècle. Il avait été primitivement érigé au milieu du chœur de l'église des Carmes, où le duc avait choisi sa sépulture par une disposition de son testament, et où il avait été inhumé le 13 septembre 1488.

Plus de quinze années s'écoulèrent avant que la reine Anne, sa fille, fît exécuter avec un luxe vraiment royal le monument qui nous est parvenu. Comme le sculpteur n'avait ménagé sur le tombeau aucune surface propre à recevoir une épitaphe, les religieux y suppléèrent à une date inconnue, au moyen d'une notice historique dont le dessinateur de Gaignières a constaté la place.

En voici le fac-similé :

Tableau contre la muraille dans l'église des Carmes de Nantes, à costé gauche du tombeau de François II° du nom, duc de Bretagne.

FRANCOIS 2° DVC DE BRETAGNE & MARGVERITE DE BRETAGNE SA PREMIÈRE ESPOVSE AYANS ESTÉ 7 ANS ENSEMBLE SANS AVOIR DENFANS FIRENT VOEV DE DONNER A N. DAME DES CARMES DE NANTES, SI PAR SON INTERCESSION ILS A VOIENT UN FILS SON PESANT DOR, CE QV'ILS EXÉQVVTERENT LE 23° AOUST 1463 COMME IL EST PORTÉ PAR L'ACTE DV MESME IOVR DEVANT DVBOIS, TRESORIER DE LA DVCHESSE AYANT OBTENV PAR L'INTERCESSION DE CETTE VIERGE VN FILS QVI FVT NOMMÉ LE COMTE DE MONTFORT ET MOVRVT JEVNE VN PEV AVPARAVANT LA DVCHESSE SA MÈRE.

LE DVC RETIRA LEDIT TRESOR AVEC LES AVTRE JOYAVX QVI RESTOIENT DANS LE COVVET A LA VALEVR DE 40 MARCS DOR POUR SAIDER CONTRE SES ENNEMIS, COMME IL EST PORTÉ PAR LE CONTRACT DV 19 AVRIL 1488 SIGNÉ FRANÇOIS & PLUS BAS PAR LE COM MANDEMENT DV DVC P. COLIN, ET PAR ACTE DV MÊME IOVR RAPORTÉ DEVAN G. DE LAFOREST PASSÉ & P. DE LA COVR PASSÉ.

LES CORPS DV DVC FRANÇOIS II° & DES DVCHESSES MARGVERITTE DE BRETAGNE ET MARGVERITTE DE FOIX, SES ESPOVSES AVEC LE CŒVR D'ANNE HERITIERRE DVCHESSE DE BRETAGNE FILLE DE CE DVC ET DE MARGVERITTE DE FOIX DEVX FOIS REINE DE FRANCE GISENT DANS LE CŒVR DE CETTE EGLISE SOVS LE ROYAL ET MAGNIFIQVE TOMBEAV QVE CETTE REYNE FIT CONSTRVIRE A LA MEMOIRE DE SON PERE FRANCOIS II° PAR M° MICHEL COLVMBE, PREMIER SCVLPTEVR DE SON SIÈCLE ORIGINAIRE DE L'EVESCHÉ DE LEON EN BRETAGNE.

Ce document est demeuré, paraît-il, inédit, quoiqu'il soit à la disposition des curieux depuis que la Bibliothèque nationale possède les calques des dessins d'Oxford. On ne le donne pas comme contemporain des faits qu'il relate, mais son exactitude peut être en grande partie vérifiée.

La collection des Blancs-Manteaux (vol. XLI, fol. 949) contient un extrait de titres qui confirme la première partie de la notice, en montrant toutefois que les pères Carmes avaient quelque peu prolongé les jours du jeune comte de Montfort :

«La duchesse Marguerite de Foix, en l'an 1463, fist vœu à la V. de donner aussy pesant d'or que le prince son fils premier né qui mourut incontinent, et néantmoins le vœu fut accomply et y a un acte du 23ᵉ aoust par les religieux confessant avoir reçu de Jean Duboys thresorier de l'épargne du duc, une coupe et esguiere d'or à imageries d'apotres garnie lad. coupe de 10 saphirs, six balais et 51 grosses perles au couvercle, et l'esguiere de 8 saphirs et 8 balais et de 52 grosses perles y aiant de plus 18 grosses perles au pied de lad. coupe, le tout pesant ensemble onze marcs 4 onces six gros en gage et pour sureté du paiement d'onze marcs sept onces un gros d'or que la duchesse a voué pour le comte de Montfort son fils, fait audit an 1463.»

«François II, en 1488, reprist la pluspart des joyaux donnez aux Carmes jusqu'au poids de 40 marcs d'or appretiez 4,000ᵗᵗ monnaie, pourquoy donna 200ˡᵇ mon. de rente rachetables pour pareille somme.»

Quand il fut question d'ériger le tombeau ducal, qui devait assurer la possession définitive du corps, le chapitre de Saint-Pierre produisit une attestation du confesseur de François, en date du 24 septembre 1501, dans le but d'établir que le défunt avait manifesté son intention d'être inhumé à la cathédrale dans le caveau de ses ancêtres, et près de sa seconde femme, Marguerite de Foix. Pour concilier ce témoignage inattendu avec les termes du testament, la reine Anne décida que le corps de sa mère serait en effet réuni à celui de son père, mais dans l'église des Carmes; une bulle du pape Jules II du 13 mars 1506 (Mor. Pr. III, 882) intervint, et autorisa le translation qui s'effectua le 25 mai de la même année.

L'épitaphe qui fut alors apposée sur le cercueil de Marguerite de Foix précise l'achèvement du tombeau.

«Cy-dedans gist le corps de Marguerite de Foix, duchesse et se-

conde femme de ce duc François II, laquelle trepassa l'an MIV⁽ᵉ⁾
LXXXVIII le xxv de may; de laquelle ce dit duc eut deux filles,
dont Anne la fille esnée fut royne de France deux fois et fist apporter ce corps de Saint-Pierre de Nantes, qui premier y avait esté
enseveli, et le fist mettre cy et poser en sculpture l'an MD et VI, le
xxv de may. » (Travers, *Histoire de Nantes*, II, 260.)

L'abbé Travers, qui a écrit l'histoire de Nantes avec la précision
d'un notaire et qui travaillait sur les pièces originales, nous permet de suivre jusqu'au règne de Louis XII les conséquences du vœu
de François II.

« Les religieux Carmes de Nantes, qui s'étaient vus oubliés dans les
dons de la reine du mois de septembre 1501, lui exposèrent par
une belle requête que le duc François II son père, de glorieuse mémoire, avait autrefois fait don de quarante marcs d'or à Notre-Dame
des Carmes de Nantes, qu'il les avait retirés dans ses besoins et
assigné en récompense aux religieux 200 livres 3 sols de rente annuelle sur les deniers de la prévôté de Nantes. La reine, sur cet exposé, au soutien duquel on ne produisait aucun titre, ordonna,
par un mandement du 2 janvier 1502, et le roi Louis XII par ses
lettres du 15 suivant, de payer cette rente aux religieux. (*Invent.
des Titres de la chambre*, n° 437.) On dit que cette somme n'était
pas gratuite et que le domaine la payait à raison des services annuels
fondés pour la duchesse Marguerite de Bretagne, première femme
du duc François II. »

Le cœur de la reine Anne fut déposé à son tour dans le tombeau
de son père le 15 janvier 1514. La boîte en or qui le renfermait,
extraite lors de la démolition de l'église des Carmes, est actuellement déposée à la mairie de Nantes comme un objet de curiosité.

Tous les faits appris par la notice étant reconnus exacts, il y a
présomption que les mentions relatives à Michel Columbe ne le sont
pas moins.

Les comptes relatifs à l'exécution du tombeau paraissent perdus;
D. Lobineau, qui aurait pu les consulter, se contente de dire sur
l'année 1507 : « La reine faisait travailler en ce temps-là par un excellent ouvrier au magnifique tombeau du feu duc son père ». L'inscription, conservée par Gaignières, est actuellement le plus ancien
document qui nous permette d'attribuer le tombeau de Nantes à
Michel Columbe; l'indication relative à l'origine de l'artiste doit être
acceptée jusqu'à preuve contraire, comme tout le reste.

II

Michel Columbe occupe une si grande place dans l'histoire de l'art français, que le Comité apprendra sans doute avec intérêt qu'une de ses œuvres, actuellement disparue, n'est pas irrévocablement perdue.

Dans cette même année 1507 où s'achevait le tombeau des Carmes, mourait à Nantes, le mardi 23 novembre, l'évêque Guillaume Gueguen. Travers nous a laissé à ce propos la note suivante :

« Il fut inhumé le jeudi suivant en grand triomphe, *cum magna triompha*, dit le registre (registre de l'évêché), à l'église de Saint-Pierre, devant l'autel de Saint-Clair. Son corps fut levé peu de temps après, porté dans la chapelle de Sainte-Magdeleine et mis dans un tombeau de marbre blanc sur lequel on voit sa figure : on la voit sculptée de la main de Michel Columbe, le plus habile sculpteur de son siècle ; il venait d'achever le magnifique tombeau du duc François II dans l'église des Carmes de Nantes. »

On chercherait en vain aujourd'hui dans la cathédrale de Nantes une trace apparente du monument.

L'inappréciable Gaignières d'Oxford (tome VIII, fol. 163) contient la représentation d'un tombeau d'évêque sur lequel il convient d'appeler l'attention, car, comme elle n'indique pas le nom du prélat, le monument a jusqu'ici passé inaperçu.

Le dessinateur l'accompagne de cette explication : *Tombeau de pierre dans la chapelle de la Magdeleine, à droite dans la nef de l'église cathédrale de Nantes.*

Le blason figuré sur le soubassement du monument, surtout si on le rapproche du vocable de la chapelle, permet d'y reconnaître le tombeau de Guillaume Gueguen, qui portait d'argent à un arbre de sinople au franc quartier d'hermines, chargé de deux haches adossées de sinople. (Voir la planche ci-jointe.)

C'est un enfeu, suivant l'expression bretonne, c'est-à-dire un tombeau sous arcade, pratiqué dans l'épaisseur du mur. L'ensemble de la décoration appartient bien au style de l'école de Tours. Une large frise richement ornée surmonte la voûte surbaissée qui abrite le tombeau. La statue en marbre blanc du prélat est couchée sur un socle divisé en cinq panneaux par des petits pilastres. Dans le fond de la niche deux anges en bas-relief supportent les armes du prélat, comme au tombeau Thomas James, à Dol. Ce monument fait

Tombeau de Guillaume Gueguen
ÉVÊQUE DE NANTES

connaître la manière de Michel Columbe appliquée à une œuvre courante, comme l'artiste dut en exécuter un grand nombre; il peut ainsi servir de guide pour reconnaître celles qui existeraient encore.

Voici ce qui est advenu du tombeau de Guillaume Gueguen.

La Révolution a martelé les insignes héraldiques, mais elle avait laissé subsister la partie purement décorative et la statue en marbre blanc du prélat nantais.

Il y a une quarantaine d'années, le chapitre, trouvant les murs de la chapelle de la Madeleine trop nus à son gré, en a fait lambrisser les parois. Pour appliquer les boiseries, il a fallu faire sauter les reliefs de la sculpture qui présentaient le plus de saillie. Mais, en gens pratiques, les promoteurs de cet acte de vandalisme jugèrent que l'arcade qui abritait le tombeau ferait une excellente armoire; il ménagèrent donc deux panneaux à charnière établis à la hauteur convenable. C'est par cette ouverture que j'ai pu voir encore, il y a une trentaine d'années, la statue de Guillaume Gueguen à peu près intacte. Mais ces sortes d'appareils se rouillent vite dans une église quand ils ne sont pas mis fréquemment en mouvement. Il y a une dizaine d'années, quand j'ai voulu rafraîchir mes souvenirs de jeunesse et étudier de près la statue, les volets ne manœuvraient plus. Il est douteux qu'ils aient recouvré depuis cette époque leur mobilité première. La boiserie est devenue fixe.

Je tiens donc à consigner ici que le mur de la cathédrale de Nantes recèle, derrière la boiserie de la chapelle de la Madeleine, une œuvre de Michel Columbe, de la meilleure époque du grand sculpteur. J'émets le vœu que la Commission des monuments historiques, dans le service duquel doit rentrer la cathédrale de Nantes, rende d'une façon ou d'une autre à la lumière et à l'étude un si précieux monument, ou tout au moins le comprenne au nombre des reproductions qui doivent figurer dans son Musée du Trocadéro.

www.ingramcontent.com/pod-product-compliance
Lightning Source LLC
Chambersburg PA
CBHW070525050426
42451CB00013B/2849